AF341778

LE NOUVEAU PROJET DE LOI

SUR

LA PRESSE

SERA-T-IL RETIRÉ?

LE

NOUVEAU PROJET DE LOI

SUR

LA PRESSE

SERA-T-IL RETIRÉ ?

AGEN

IMPRIMERIE P. BONNET, COURS DU FIN

1867

Depuis trois mois environ les discussions du Corps Législatif ont commencé brillantes comme toujours, mais aussi quelque peu fougueuses. Plusieurs partis sont en présence, et il y a toujours partout le même entraînement, le même feu sacré, la même force, la même violence. Oui, c'est avec bonheur, je dirai même plus, c'est avec une espèce de triomphe intérieur que la France entière assiste à ces grandes luttes oratoires qui prouvent combien est forte la trempe intellectuelle et morale des hommes éminents, appelés à la représenter et à la placer, par leur vigoureux talent, au-dessus de toutes les nations civilisées. Si ces luttes oratoires paraissent gigantesques, étonnantes, palpitantes d'intérêt, ce n'est qu'à cause des questions sérieuses qu'on y traite, d'un côté, avec tant d'éloquence et de générosité, de l'autre, avec tant d'acrimonie, de parti-pris, d'égoïsme, vieilles passions des Jacobins. La France sait à quoi s'en tenir. Les français ont toujours été trop intelligents pour ne pas savoir séparer l'ivraie du bon grain. Ils n'ignorent pas que les plus chaleureux partisans de la liberté en toute chose, arrivés au terme de leur ambition, c'est-à-dire au pouvoir, se dépouillent de l'ancien manteau pour prendre celui de l'absolutisme. Ils brûlent leurs anciennes idoles, pour adorer celles qu'ils faisaient semblant de détester.

Hommes vains et hypocrites, qui au lieu d'aspirer au bonheur d'une nation, ne feraient que compromettre son avenir, ne feraient que la dilapider au lieu de l'enrichir.

Dans plusieurs circonstances, en 1848 par exemple, la Providence nous a préservés de ces hommes ; faisons des vœux pour qu'elle nous en préserve encore !

Plusieurs questions ont déjà été traitées au Corps Législatif ; plusieurs nouvelles lois ont été votées.

Les Chambres vont bientôt être obligées de se prononcer sur des projets de loi très-sérieux qui intéressent au plus haut titre la nation française. Nous voulons parler de la réorganisation militaire, puis du nouveau projet de la loi sur la presse. Nous ne disons rien en ce moment sur la réorganisation militaire. Nous donnerons seulement nos idées sur le nouveau projet de loi sur la Presse.

Quoique notre plume ne soit pas encore bien autorisée, nous parlerons du nouveau projet avec impartialité, sans passion.

Nous allons d'abord donner le 1er article du texte de la loi du 17-23 février 1852 sur la Presse :

« ART. 1er. — Aucun journal ou écrit périodique trai-
« tant de matières politiques ou d'économie sociale, et

« paraissant soit régulièrement et à jour fixe, soit par
« livraisons ou soit irrégulièrement, ne pourra être créé
« ou publié sans l'autorisation préalable du gouverne-
« ment. — Cette autorisation ne pourra être accordée
« qu'à un français majeur, jouissant de ses droits civils
« et politiques. — L'autorisation préalable du gouverne-
« ment sera pareillement nécessaire à raison de tous
« changements opérés dans le personnel des gérants,
« rédacteurs en chef, propriétaires ou administrateurs
« d'un journal. »

Nous allons maintenant citer l'article 1er du nouveau
projet de loi sur la Presse :

« ART. 1er. — Tout français majeur et jouissant de ses
« droits civils et politiques peut, sans autorisation préa-
« lable, publier un journal ou écrit périodique, parais-
« sant soit régulièrement et à jour fixe, soit par livrai-
« sons et irrégulièrement. »

En simulant de proclamer la liberté de la Presse, le
gouvernement, sans doute, a dû avoir une idée géné-
reuse. Nous sommes loin de partager ses intentions.

Tout le monde pourra donc être plus ou moins journa-
liste ; tout le monde pourra plus ou moins satisfaire ses
petites ambitions personnelles. — Est-ce que cet article
ne dit pas que tout français majeur et jouissant de ses
droits civils et politiques peut, sans autorisation préalable, publier un journal ?

En ne connaissant que le premier article, on peut
s'écrier :

Voilà donc la liberté de la Presse, oui, la liberté de la Presse depuis tant de temps demandée. Que ces énergumènes qu'on appelle enthousiastes ont du tressaillir de félicité en lisant ces quelques lignes !

Nous estimons pourtant le gouvernement actuel, nous aimons sa politique et nous nous rappelons avec plaisir la phrase qui fera époque dans l'histoire : *L'Empire c'est la paix !*

Quand les circonstances se sont présentées, le gouvernement a su se faire respecter. Sous Louis-Philippe, le drapeau national fut insulté, et ce triste monarque ne se donna aucun mouvement ; il aurait supporté sans dire mot, calme, impassible comme un sénateur romain dans sa chaise curule, que l'Anglais eut passé sa main dans ses épais favoris. Nous voulons dire par là que la nation française était mal représentée ; que son roi n'avait aucune dignité et n'inspirait pas la moindre confiance.

Ce n'est pas le moment, nous en convenons, de faire l'apologie de la politique impériale depuis 1852, jusqu'en 1867. Éloignons-nous un instant seulement de notre sujet pour montrer combien l'Empereur Napoléon III, l'élu du peuple, a relevé la France et augmenté son prestige.

La France est la première des nations ; cette place qu'elle occupe, et dont elle a le droit d'être orgueilleuse, lui vient, sans contredit, de Sa Majesté Napoléon III.

Jamais ni le commerce, ni l'industrie n'ont été plus brillants. Liberté, sécurité individuelle, richesse, opulence même, voilà les présents offerts à la nation française par Sa Majesté.

Disons un mot maintenant de la politique Napoléonienne à l'extérieur. Nous nous abstiendrons de parler de l'expédition de Crimée, expédition qui prouva que les soldats français n'avaient pas oublié de cueillir des lauriers, voilà tout ; mais dans l'affaire italienne, en 1859, le vainqueur de Solférino se montra très-prudent et très-profond politique. Mis en quelque sorte en demeure de s'expliquer, Napoléon III se prononça pour le système fédératif en Italie. Il rêvait une politique nouvelle et pour son gouvernement intérieur et pour sa diplomatie au-dehors. Hélas ! ses rêves ne se réalisèrent point. Tout fut brisé par la politique Piémontaise et par les suggestions de l'Angleterre. Napoléon, loin d'user de son autorité, s'en remit sur l'action du temps.

Ces intentions n'étaient-elles pas généreuses ? Ces intentions, disons-le hardiment à la face de l'opposition, étaient d'un souverain qui n'aime que la liberté. Mais nous n'approuvons pas le gouvernement dans son nouveau projet de loi sur la presse.

L'article 1er du nouveau projet de loi nous donne donc la liberté de la presse. Nous ne croyons pas le moment venu de faire la presse libre. La liberté de la presse peut exercer une influence bien malheureuse sur l'esprit des populations du Midi. Il se créera certainement des journaux anti-religieux, professant les doctrines les plus absurdes et en même temps les plus dangereuses.

Nous avons vu, au chef-lieu de notre département, des

hommes qui avaient l'intention de fonder des journaux : savez-vous quel est le titre de leur journal en projet? L'*Homme libre*, les *Droits de l'Homme*. Et pourquoi pas la *Déesse Raison?*

Ces hommes, rendus farouches par la doctrine de Voltaire mal comprise, ces hommes ignorants, quoique venant de Paris, ne sont que des perturbateurs, ne sont que le choléra de la société. Pour eux, point d'autorité. Pour eux, la liberté, c'est la licence. Pour ces petits hommes, fous disciples de Proudhon et de Cabanis, la propriété, c'est le vol ; Dieu, c'est le mal.

Arrière, énergumènes tendant à la célébrité ; ce n'est pas un bureau de journal qu'il vous faut : c'est une loge à Charenton !

Voilà pourtant les hommes qui vont publier des journaux dans notre département. La société sera bouleversée par leurs théories. Dans quelques années, point de religion, point de morale.

Nous avons pu apprécier le mal qu'a produit la *Vie du Christ*, de Renan. Nous savons que ce livre, écrit seulement pour la spéculation, se trouve dans plusieurs familles de campagnards. Mais, me direz-vous, ils ne sont pas capables de le comprendre. Un demi-savant, un pédant vient à passer, et pendant les soirées d'hiver, à la lueur d'une lampe enfumée, il lit et commente le livre devant l'honnête famille, qui écoute avec curiosité, avec avidité ces dogmes empoisonnés.

On lira de même le journal ; et comme nous sommes tous plutôt entraînés vers le mal que vers le bien, la doctrine de Voltaire et de Renan triomphera.

On voudra ensuite, en voyant la licence des mœurs, la négation de tout principe religieux, réformer la société : avec quoi? par quels moyens? La gangrène ne pourra jamais engendrer quelque chose de sain. Ce sera peine inutile ; les efforts seront vains.

Ce que nous venons de dire est, il nous semble, assez sérieux pour que l'article 1er du présent projet de loi soit rejeté et remplacé par l'article 1er de la loi du 17-23 février 1852.

De l'article 1er passons à l'article 10 du même projet de loi. Voici ce qu'il contient :

« Art. 10. — En matière de poursuites, pour délits et
« contraventions commis par la voie de la presse, la
« citation directe devant le tribunal de police correction-
« nelle ou de la Cour impériale peut être donnée à un
« jour franc. Le prévenu qui a comparu devant le tri-
« bunal ou devant le Cour ne peut plus faire défaut. »

Depuis bien longtemps, les écrivains de la presse se plaignaient et se redressaient menaçants contre le gouvernement. « Nous ne sommes point libres, disaient-ils ; nous dépendons toujours du pouvoir. Un poids énorme repose sur notre journal. » Ils voulaient dire par là qu'ils étaient sujets aux *communiqués*, aux avertissements.

Après deux avertissements, le journal était supprimé pour un temps ou pour toujours. L'article 32 de l'ancienne loi, qui parle des avertissements, est abrogé.

Il nous semble que ces plaintes n'étaient ni justes ni fondées. Par ses avertissements, le gouvernement agissait en bon père de famille ; il ne voulait point surprendre l'écrivain ; s'il se lançait dans une politique un peu dangereuse pour l'autorité, il était averti, des mesures de prudence étaient prises, et le journal était sauvé.

Mais non, on veut la liberté : la liberté, on vous la donnera. Elle pourrait coûter cher. On n'avertira plus maintenant ; le journal sera soumis à l'action du ministère public, d'après l'article que nous venons de citer plus haut. Il arrivera bien souvent que le rédacteur compromettra son journal sans avoir cru le compromettre.

Le gouvernement a tout intérêt à supprimer encore l'article 10 du nouveau projet de loi. Nous allons expliquer pourquoi.

On pourra facilement, malgré le ministère public, jeter d'une manière adroite la déconsidération sur l'autorité impériale. On écrira des articles très-piquants, très-éloquents même contre le pouvoir, et ils seront à l'abri de l'action du ministère public. Que va-t-il arriver alors ? C'est bien facile à comprendre. Il y aura certainement dans les départements plus de journaux de l'opposition que de journaux officiels ; les habitants des départements liront avec goût les journaux de l'opposition, qui probablement auront de bons rédacteurs. Aux élections, quand le gouvernement présentera un député, on ne voudra point de ce député ; ce sera le député patronné par l'opposition qui réussira. Si les départements font comme Paris, s'ils n'envoient que des députés de l'opposition, il arrivera un moment où le gouvernement se trouvera dans une position bien critique. Alors, nous le disons hautement, sans crainte de nous tromper, le gouvernement croulera. S'il ne croule pas, s'il résiste, il tombera dans le despotisme. On arriverait encore, en reprenant le raisonnement, à prouver que le suffrage universel conduit au despotisme.

Nous croyons donc que le gouvernement a tout intérêt à retirer l'article 10.

Et l'article 12?

Voici l'article 12 :

« Art. 12. — Tout individu condamné pour délit de
« presse, commis par la voie d'un journal ou écrit pério-
« dique ou par un écrit non périodique soumis au timbre,
« peut être, par le jugement de condamnation, sus-
« pendu, pendant un temps qui n'excédera pas cinq ans,
« de l'exercice de ses droits électoraux. »

Au sujet de l'article 12, nous ne dirons que deux mots : Terrible, désespérant !

Voilà tout ce que nous avions à dire sur ce projet de loi. Le gouvernement, nous aimons à le croire, se ravisera, et ne voudra pas placer le despotisme à la place de la liberté, de cette grande liberté qui depuis tant de temps est le point de mire de son rêve.

Auch, 20 avril 1867.

Lucien Saint-Avit.

www.ingramcontent.com/pod-product-compliance
Lightning Source LLC
LaVergne TN
LVHW020108070726
842525LV00018B/2320